D1689877

Noi del Tramway di Servola

Italo Svevo
Noi del Tramway di Servola

illustrati da Claudia Melotti

Parnaso

Omaggio al Tramway di Svevo
G. Brambozzi

NONNI, BISNONNI E TRAMWAY

"*Oggi le creature* del Suo spirito continuano a correre il mondo sempre più splendenti e vitali, ma i tre superbi virgulti del Suo sangue giacciono nel silenzio della morte stroncati dalla guerra maledetta; nell'ignoto della Russia Piero e Paolo, nel bianco cimitero della città natale Sergio, il più piccolo, non lontano dalla tomba del nonno.

Io e Letizia viviamo di ricordi fino al giorno in cui Ettore, circondato dai nipotini, ci accoglierà sulle soglie dell'eternità."

Così Livia Veneziani Svevo "nata per Schmitz" concludeva la Vita di mio marito, pubblicata nel 1951 da Anita Pittoni nello Zibaldone, con l'amara certezza di una famiglia distrutta dalle tragiche vicende dell'epoca e consapevole che la sola erede materiale e spirituale sarebbe stata la figlia Letizia, amorevolmente affiancata dal marito Antonio Fonda Savio. In quel momento non poteva sapere che questi suoi figli (perché tale considerava anche il genero), così duramente colpiti nei loro sentimenti, avrebbero ricostruito un altro nucleo familiare, affiliando il più caro e fraterno amico del "piccolo" Sergio, Vittorio Pizzarelli, già padre di una bambina, chiamata Letizia in loro onore.

Non lo seppe mai, ché raggiunse il suo Ettore prima di poterne gioire.

Fu così che io, Letizia "piccola", ebbi la felice sorte di entrare a far parte di una così nota e importante famiglia e di crescere in quest'atmosfera così particolare. All'inizio, naturalmente, ero troppo piccola per esserne consapevole: nonno Toni e nonna Letizia erano soprattutto due simpaticissimi compagni di gioco che – essendo per di più figlia unica – mi coccolavano e mi viziavano molto. Nello stesso tempo, però, mi avvicinavano progressivamente all'arte e alla cultura.

E mi parlavano di Svevo. Lo facevano con semplicità, così come si narra una favola: più che dello scrittore mi parlavano dell'uomo, del suo umorismo, della sua distrazione, delle sue gaffes*, del suo amore per i giovani, per gli animali e la natura in genere. Il tutto corredato con aneddoti divertenti. Da più grande imparai a conoscere lo scrittore leggendo i suoi romanzi, seguendo le rappresentazioni teatrali delle sue commedie e osservando nonna Letizia impegnata a valorizzare in ogni modo l'opera del padre.*

Il mio primo incontro con lo scrittore fu propiziato, ancora in tenera età, da nonno Toni, che mi diede da leggere proprio i raccontini di Noi del Tramway di Servola, *spalleggiato da nonna Letizia nel commentare con gustosi richiami e ricordi personali le vicende ivi narrate, nonché lo spirito con cui nacquero le varie "puntate" (delle otto di cui parla Livia Svevo nella* Vita *ne sono state recuperate finora solo cinque).*

Terminata la Prima guerra mondiale, Ettore Schmitz, non ancora acclamato scrittore, si impegnò a collaborare con "La Nazione", il primo giornale nazionale di Trieste italiana. Proprio in quegli anni la figlia Letizia aveva sposato il capitano Antonio Fonda Savio, e tutti insieme erano tornati a vivere nella grande villa Veneziani, che si trovava nei pressi dell'attuale via Svevo. Allora non esisteva la superstrada che collega Servola alla città; pertanto, il tragitto che oggi collega in pochi minuti il centro alla periferia era un vero e proprio "viaggio" a bordo del mitico tram, sicuramente più lento e scomodo, ma sicuramente più a misura d'uomo, involontario protagonista di incontri e avvenimenti spesso tragicomici.

Raccontava ad esempio nonna Letizia che, quando era bambina, su questa linea imperversava un "tagliatore di trecce" che mieteva vittime tra le giovani passeggere, tanto che le fanciulle di buona famiglia, le quali usavano il tram per andare a scuola, venivano accompagnate da una persona di fiducia che vegliava sull'incolumità delle loro lunghe chiome. Cose d'altri tempi, che oggi fanno sorridere e – viste le cronache più recenti – inducono a una benevola invidia.

Proprio a bordo del vecchio tram – fra una risata e un'arrabbiatura da ritardo patologico – nacquero questi *divertissements, che Svevo scrisse con la complicità del genere e che furono pubblicati su "La Nazione" in vari periodi, tra il 1919 (anno di fondazione del quotidiano) e la prima metà degli anni Venti.*

■

Questa è la storia dei racconti qui pubblicati, così come me l'hanno raccontata o, quantomeno, come io la ricordo. Mi rendo conto che l'abituale frequentatore dei romanzi, dei racconti e dei testi teatrali di Svevo – ricchi di problematiche e permeati di una visione della vita piuttosto pessimistica – resterà quantomeno stupito alla fine della lettura di questi brani, insieme realistici e grotteschi, per aver scoperto un lato poco conosciuto della sua personalità, cioè quello dello scrittore burlone, ironico, di facile lettura, che scrive con l'unico fine di divertire se stesso e chi gli è vicino in quel momento: testi tanto più interessanti in quanto ci offrono anche un inedito spaccato della "Trieste che fu".

Essi saranno per gli anziani un motivo in più per ricordare i "vecchi bei tempi"; per i giovani un'occasione per riscoprire una città certamente molto diversa dalle altre; per i più piccoli una simpatica opportunità di accostarsi a uno scrittore tanto importante quanto difficile.

◩

Chissà: forse proprio lui, seduto lassù, su un immaginario guardrail di un'immaginaria superstrada, sorridendo sotto i baffi e con l'immancabile "ultima sigaretta" tra le dita ingiallite dalla nicotina, osservando le automobili e i tir sfreccianti tra i casermoni che oggi occupano la campagna dove un tempo sorgeva la sua casa, starà dicendo: "Savè, fioi, tuto somà iera meio el vecio trànvai...".

Letizia Pizzarelli Fonda Savio

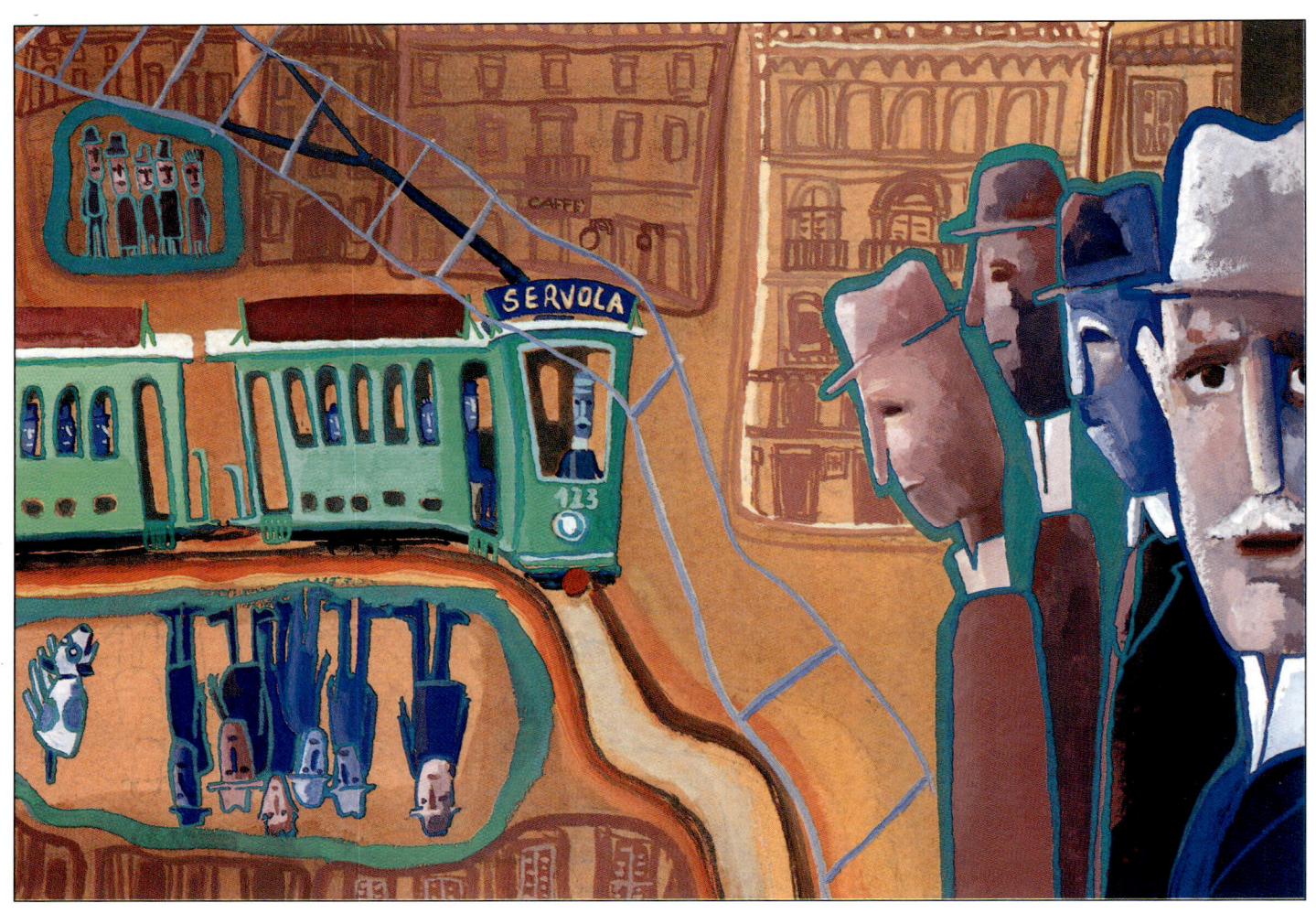

Noi del Tramway di Servola
abbiamo tutti un aspetto mite di bestie pazienti
e bastonate…

23 AGOSTO 1919

Noi del Tramway di Servola abbiamo tutti un aspetto mite di bestie pazienti e bastonate e ciò precisamente perché apparteniamo al Tramway di Servola.

Non a questo aspetto soltanto ci conosciamo noi del Tramway di Servola, ma ci conosciamo tutti per nome, cognome e famiglia, da lunghi anni, perché giornalmente ci troviamo insieme nei vari punti della città ad aspettare il Tramway di Servola cui noi apparteniamo. Perciò tra noi del Tramway di Servola numerosissimi sono i matrimoni e bisognerebbe presto abolire il Tramway di Servola perché altrimenti, con danno della razza, avverranno presto dei matrimoni fra consanguinei. Altri dicono che a noi del Tramway di Servola dovrebbe essere permessa la bigamia perché quando ci siamo sposati una volta, noi del Tramway di Servola non sappiamo più che fare aspettando il Tramway di Servola... È un bene che la razza di noi del Tramway di Servola si riproduca in un'epoca violenta come questa per rammorbidire i costumi perché noi del Tramway di Servola siamo tanto buoni che finora nessun carrozzone del Tramway di Servola saltò per aria. Le autorità lo sanno perché a quelli del Tramway di Poggioreale, razza uscita dal macigno, subito si provvide con camions. È vero che fra i

Tramway di Servola mai c'è stato incendio. Vanno tanto lenti che brucerebbero per un secolo.

E quando moriamo noi del Tramway di Servola abbiamo la grande sorpresa di andar via all'ora precisa perché è la prima volta nella nostra vita che del nostro trasporto non è stato incaricato il Tramway di Servola. Poi facendo il bilancio della nostra vita troviamo che metà della stessa è stata impiegata per aspettare il Tramway di Servola e l'altra metà per augurare al Tramway di Servola di andare sulle sue rotaie a quell'altro paese. E dato questo bilancio di vita non si capisce come noi del Tramway di Servola possiamo tuttavia ritenerci appartenenti all'unico distretto industriale di questa città.

E quando moriamo
noi del Tramway di Servola abbiamo la grande sorpresa
di andar via all'ora precisa…

Uno dei membri restando
in piedi raccontò
di aver appreso da fonte sicura che noi...

30 AGOSTO 1919

CI SCRIVONO: "Noi del Tramway di Servola siamo più facilmente organizzabili degli altri operai. Basta che il Tramway di Servola ritardi di mezza giornata o elimini per un giorno una motrice e tutti i rimorchi ed eccoci accatastati tutti in un unico vagone messi nella miglior posizione (per quanto incomoda) per discutere i nostri interessi.

Timidi come siamo non si dice mai male del Tramway di Servola perché non è escluso, per quanto sia difficile, che peggiori. Ecco il resoconto dell'ultima seduta.

Uno dei membri restando in piedi raccontò di aver appreso da fonte sicura che noi si aveva delle comunicazioni più frequenti che non fra Nuova York e San Francisco, due città più importanti di Servola e anche di Trieste. Perciò non bisognava lagnarsi.

Da un pertugio del soffitto, un altro, che non aveva trovato altro posto che sul tetto, sotto il trolley, gridò che mentre il Tramway di Servola non ritarda che per delle ore, il treno di Wladiwostock ebbe una volta il ritardo di tre settimane. – Se è così, aggiunse quello del trolley, – quei poverini che dovettero mangiare fuori di casa per ben tre settimane ai prezzi attuali, devono essere rovinati. Almeno noi del Tramway di Servola mangiamo sempre a casa perché quando il Tramway di Servola non va più, andiamo a piedi.

Un terzo, stando seduto perché fracassato sul sedile da un grosso donnone che non aveva trovato altro posto che su di lui, forse con le sue ultime parole, disse: – In complesso la Direzione del Tramway di Servola ci viene incontro in tutti i modi. Secondo la tariffa, paghiamo 40 cent. se restiamo nel carrozzone finché arrivi al lembo estremo della città da questa parte, ma non paghiamo di più neppure quando ci facciamo portare traverso tutta la città e magari fino a Barcola.

Vero è che nessuno di noi arrivò giammai fino a quella plaga magnifica ma lontana dal golfo di Muggia. La colpa è nostra perché la giornata di noi del Tramway di Servola non conta più di 24 ore.

Un orrido ceffo domandò la parola e l'ebbe, perché gli altri, esausti dalla lunga attesa, non potevano più parlare. Non era di noi del Tramway di Servola perché disse: – Voi del Tramway di Servola siete gli unici italiani che seguite le prescrizioni di Nitti e non spendete. Col prezzo di quattro corse (Lit. 1.60) occupate tutte le vostre ore libere. Bisognerebbe introdurre in tutta Italia il Tramway di Servola e la Nazione sarebbe salva. Noi azionisti saremmo più salvi ancora.

Il Tramway si fermò. L'azionista uscì, ma circa cinquanta di noi dovettero scendere sulla via per fargli posto. Trovandosi a terra, gli cantarono: *Ave Caesar...*

Così quella sera si poté raccontare alle donne assonnate a casa, che si

Il Tramway si fermò.
L'azionista uscì, ma circa cinquanta di noi dovettero scendere sulla via per fargli posto.

aveva fatto tardi non causa un ritardo del Tramway, ma per discutere l'amministrazione del Tramway stesso. Ma esse gridarono: – Avete perduto il vostro tempo. Il Tramway di Servola non si può mutare. Proponete piuttosto di trasferire Servola tutta in piazza dell'Unità!".

10 SETTEMBRE 1919

"Avendo appreso che il Tramway di Servola aveva adibito due nuovi carrozzoni ad un servizio suppletorio fra il Campo Marzio e Servola, invitai uno straniero che si trovava in visita a Servola di venir a vedere la cosa più meravigliosa del nostro paese, cioè il Tramway dal servizio migliorato. Lo straniero era un poco impensierito. Avendo letto con poca attenzione le notizie da Trieste, credeva che questo fosse il Tramway dallo slittamento incoercibile. Macché! Da noi è provvisto acché le rotaie abbiano il tempo di coprirsi di polvere e anche di ruggine. Non si slitta qui e si va avanti con tutta prudenza.

Aspettammo il Tramway per parecchio tempo. Mancavano per il momento i carrozzoni suppletori, i quali per aumentare la loro agilità non hanno rimorchi, e – questo è poi naturale – anche quelli che vengono dal Boschetto e che sono tanto più pesanti. Poi, arrivato il Tramway, si stette seduti comodamente fino a sera. Il mio *foresto* mi fumò tutte le sigarette. Guardando attentamente la linea – com'era stato invitato da me – vide quella cosa straordinaria ch'è la nostra rotaia sporgente dal suolo per mezzo metro. Nella sua ignoranza egli credeva che essendo mancata la pressione dall'alto essa sia cresciuta. Gli spiego che non è così e che il

Seconda fermata: il Lloyd.
Qui posso dar lungo sfogo al mio dolore di triestino,
perché al Lloyd non c'è più il Lloyd.

suolo si è abbassato per l'usura prodotta dai piedi dei viandanti tanto numerosi sulla linea del Tramway di Servola.

Prima fermata: di fronte alla Spremitura d'Olio. Credo di dover fornire una distrazione al mio ospite raccontandogli la storia della Spremitura, i suoi vari incendi cui io assistetti, le venture e sventure di tutti i suoi direttori. Descrizione dei suoi vari prodotti divenuti tanto più vari durante la guerra. Trovo poi altro argomento nella storia di tante bombe cadute in quei paraggi. Guai se il Tramway si fosse fermato a quel posto circa due anni prima. Si parla poi di balistica e di aviazione. Differenza fra Tramway e aeroplani.

Il conduttore dice ch'è il Tramway del Boschetto che deve aver ritardato. Forse in città c'è rivoluzione mentre noi siamo tanto calmi a quel posto. Fa caldo, ma un nostro compagno racconta come faceva freddo a quel posto otto mesi or sono e ne abbiamo qualche refrigerio. Però, per alleggerire il Tramway, ne hanno tolte le tendine.

Seconda fermata: il Lloyd. Qui posso dar lungo sfogo al mio dolore di triestino, perché al Lloyd non c'è più il Lloyd. Col permesso del conduttore scendiamo dal carrozzone e abbiamo l'opportunità di vedere le enormi officine e di sgranchirci le gambe. La torre è costruita in pietra dell'Istria. Storia di questo paese che possiamo vedere anche da quel punto. La storia accompagnata dalla visione dei paesi ove essa si svolse è molto istruttiva.

Da quella fermata si vede il Taiano. Orografia della nostra regione. Grotte. Postumia, S. Canziano, ecc. Poi, mancando altri argomenti, di nuovo storia delle bombe. Per fortuna ne sono cadute lungo tutta la linea.

Terza fermata: Campi Elisi. Nome delizioso. Il mare e la vista sono gli stessi che al Lloyd. Lo straniero pensa d'impiantare degli alberghi alle varie fermate. Discussione sui prezzi possibili per le nostre tasche. Il conduttore avverte che la Direzione che – come si vede – non manca di vagoni, intende adibirne alcuni a restaurants e vagoni letto. Disillusione dello straniero che pensava di arricchire sulla linea del Tramway di Servola. Riconosce però ch'è un Tramway ideale per uno straniero che voglia conoscere a fondo il paese."

P.S. Da Servola un anonimo mi scrive protestando ch'io chiami Tramway di Servola un Tramway che si ferma a più di un chilometro di distanza da quella borgata. Ma che ci posso fare io se i servolani hanno tollerato per tanti anni che i carrozzoni portino impronto in testa il nome del loro luogo natio? Adesso è fatta e non c'è più rimedio. Dobbiamo tenerci accanto ai nostri asinelli anche il Tramway. Il mio anonimo dice che quel Tramway è veramente di Trieste e aggiunge: "Naturalmente a Servola sappiamo quello che di noi si parla a Trieste, ma a Trieste ignorano quello che noi diciamo della loro città".

Il conduttore avverte che la Direzione
che – come si vede – non manca di vagoni, intende adibirne alcuni
a restaurants e vagoni letto.

D'inverno in ogni carrozzone
vi sarebbe un deposito di pietre che i passeggeri dovrebbero mettere
nelle loro tasche per aumentare il loro peso specifico.

21 OTTOBRE 1919

Parecchie persone condannate vita natural durante al Tramway di Servola mi pregarono di procurar loro delle spiegazioni sul fatto che dacché sulla nostra regione s'è abbattuta la bora, a Servola non vengono destinati che carrozzoni e motrici aperte. Mi presentai alla Direzione del Tramway quale giornalista di Servola e fui subito ricevuto da un altissimo impiegato che meriterebbe di venir tirato su ancora più in alto.

Egli mi disse che noi avevamo adesso, durante l'inverno, l'onore di ospitare sulla nostra linea i carrozzoni più "chic" dei bagni di Barcola. Con evidente lapsus linguae aggiunse: – D'inverno vengono adibiti al servizio dei bagni di Servola. È una grande concessione che vi facciamo.

M'ero fatta una notizia delle domande che volevo rivolgergli e in primo luogo gli domandai come sarebbero liquidate le differenze di prezzo del biglietto quando un passeggero venisse soffiato via a mezza strada. Noi si esigeva il riabbuono del biglietto pieno.

Mi rispose che l'ultima bora aveva trovata impreparata la Direzione del Tramway. D'inverno in ogni carrozzone vi sarebbe un deposito di pietre che i passeggeri dovrebbero mettere nelle loro tasche per aumentare il loro peso specifico. Se avessero trascurata una simile facile misura di prudenza

Molto perplesso,
presi congedo e uscii. Ma l'impiegato mi seguì sulle scale:
– Stia sicuro che noi...

la Direzione del Tramway non avrebbe abbonato ai loro eredi neppure la metà del valore del biglietto.

Io obiettai che il caso ch'era sovrano nella formazione dei vortici avrebbe potuto soffiar via il fattorino o il frenatore. E allora? L'impiegato rispose che per il fattorino non c'era paura. Dato l'alto prezzo del biglietto, dopo mezz'ora della prima corsa il fattorino pesava tanto che poteva ridersene della bora. In quanto al frenatore la Società teneva alcuni sostituti pronti in rimessa e in caso d'improvvisa scomparsa d'uno di loro, con relativa celerità, sarebbe stato sostituito.

A un tratto l'impiegato s'adirò: – Non vedete voi Servolani come sia per voi vantaggioso di avere dei carrozzoni meno pesanti? Guai se quello che si sfasciò fosse stato chiuso e munito di lastre. È un incidente che sulla vostra linea può ripetersi e dovete ammirare con quale oculatezza noi si lavori. D'altronde questi vagoni refrigeranti hanno anche lo scopo di far giungere fresco in città il vostro pane. In modo simile in America si trasporta la carne ed anzi in vagoni ancora più freddi. Vorrei che vi provaste a viaggiare in uno di quei vagoni.

Intimidito domandai ancora: – Perché non dedicate quei carrozzoni a linee più brevi, p.e. a piazza Venezia? La brevità del percorso escluderebbe il congelamento degli arti dei passeggeri.

M'ebbi una risposta che mi fece tacere definitivamente: – Voi stessi avete dichiarato che causa il Tramway di Servola la vostra schiatta era divenuta mite e debole. Ecco che ora il Tramway v'offre il mezzo di diventare forti per via di selezione. I deboli vengono addirittura soffiati via e non restano che i fortissimi perché gli altri scompaiono a forza di polmoniti. Non tutti a Servola si lagnano. Anzi ricevemmo già i ringraziamenti del ceto medico e una bellissima lettera che metteremo in cornice dal vostro farmacista.

Molto perplesso, presi congedo e uscii. Ma l'impiegato mi seguì sulle scale: – Stia sicuro che noi si pensa sempre al miglioramento del servizio. Per il grande inverno pensiamo di rivestire le vetture di reti che lascino passare la bora ma non il passeggero o il fattorino.

Giunto sulla via vidi avvicinarsi proprio il Tramway di Servola con quel suo aspetto estivo che fa piangere e mi misi a correre per non perderlo. L'impiegato mi seguì correndo anche lui: – Siate contenti di quello che avete. Di qui a qualche anno avrete un nuovo concorrente nel Tramway del Friuli e a voi non resteranno né i vostri pochi carrozzoni chiusi né quelli appartenenti d'estate a Barcola. Non avrete così, finalmente, né troppo caldo né troppo freddo.

Saltai nel carrozzone aperto. Per un istante parve che l'impiegato volesse seguirmi anche colà. Poi ci pensò meglio e restò in terra. Così fui salvo.

Soffiava la bora ed io arrivai a casa con la febbre. Scrivo in fretta questa breve relazione, forse l'ultima, e poi mi ficco in letto. La selezione comincia.

11 FEBBRAIO 1921

Dacché il Tramway di Servola è diventato comunale i nostri tramvieri credono di dover essere comunisti. Dev'esserci un malinteso che importa chiarire. In un senso antiquato *comunale* poteva significare (come perspicuamente spiega il Petrocchi): *partecipare dell'una e dell'altra cosa*, ciò ch'è ancora molto distante dal significato che ha la parola comunista nel senso moderno.

È ben vero che comunista designa anche chi abita in un comune ed è perciò che tutti noi che siamo a Servola siamo anche noi comunisti senza perciò aver dovuto aderire alla III Internazionale. Perché non bisogna confondere, e non è affatto detto che se noi di Servola non vogliamo essere comunisti dobbiamo perciò abbandonare il nostro comune.

Noi vorremmo che neppure i tramvieri confondano perché la cosa comincia ad essere insopportabile. Si vede come una mancanza d'italianità sia dannosa e il Comune dovrebbe fornire a tutti i suoi addetti un piccolo vocabolario. Intanto per spiegarmi alla breve dirò ai nostri tramvieri che non devono confondere il conte Noris con Lenin.

Proprio dall'epoca in cui il Tramway di Servola divenne comunale la posizione di noi del Tramway di Servola che non fu mai rosea si fece insopportabile. I comunisti s'accapigliano coi socialisti e il "Lavoratore" si spacca

...e il Comune
dovrebbe fornire a tutti i suoi addetti
un piccolo vocabolario.

in due? Ecco che noi del Tramway di Servola se abbiamo fortuna scendiamo in città con l'ultimo Tramway, quello che noi chiamiamo il Tramway storico. Come in tutti i piccoli luoghi anche fra di noi pullulano i cronisti e il numero dell'ultimo Tramway viene registrato e noi si torna a piedi.

Ieri alle dieci del mattino a me riuscì di avere l'ultimo Tramway. Si sapeva da tutti che sarebbe stato l'ultimo definitivo, vera storia sulle rotaie, perché agli scambi non si incontravano i vagoni diretti (se così si può dire) per Servola. I Triestini, cioè coloro che una volta arrivati a Trieste vi trovano il cibo e il letto, ridevano di cuore dell'incendio del "Lavoratore" e anche dello sciopero mentre noi del Tramway di Servola avremmo riso soltanto se il vagone per andare allo sciopero avesse dovuto tornare a Servola. Il pensiero di dover tornare a piedi ed inermi (noi abbiamo consegnate le nostre armi nel 1914 dalla nascita di Gesù Cristo) passare tanto vicini a Campo San Giacomo non era mica molto aggradevole. Ed io che del comunismo ho un'idea alquanto confusa e lo ritengo la dottrina del far dispetti proposi al tramviere aprendo la bocca per simulare il riso: – Non sarebbe un bel trucco il girare il tramvai e ritornare a Servola per far andare a piedi tutti questi Triestini? Evidentemente il tramviere non era un comunista perché non accettò la proposta.

Intanto il Tramway comunale e non comunista, proprio quello che passa per Campo San Giacomo e non per l'Italia e non è di Servola ma di San Sabba, continuava tranquillamente a slittare come se nulla fosse successo.

Del resto noi di Servola non manchiamo mai di Tramway storici. Anzi,

Ed aspettiamo ansiosamente
il Tramway dell'età della pietra, cioè quello
che sarà lapidato da noi.

quando andiamo a teatro arriviamo in città con quello preistorico perché dopo del nostro ce n'è ancora uno e se dobbiamo tornare a piedi ciò dipende dalla durata eccessiva della rappresentazione, che non sa svolgersi tutta nel pur lungo spazio di tempo che corre tra un Tramway e l'altro.

Ed aspettiamo ansiosamente il Tramway dell'età della pietra, cioè quello che sarà lapidato da noi.

PICCOLA STORIA DEL TRAMWAY DI SERVOLA

La linea 2, che andava dal Boschetto ai piedi della collina di Servola (aveva il capolinea in quella che oggi si chiama proprio via Svevo), era nata, nella seconda metà dell'Ottocento, per arrivare solo fino alla stazione ferroviaria di Sant'Andrea.

Alla fine del secolo la Società Triestina Tramway che la gestisce, dopo un contrastato accordo con il Comune, ne realizza il prolungamento fino alla periferia sud e qualche anno dopo sostituisce le carrozze trainate da cavalli con quelle elettrificate. Per venire incontro alle esigenze di coloro che non sanno leggere, e poiché le linee sono ormai ben 6, le targhe dei tram di ciascun percorso sono di differenti colori: quelle del "tram de Servola" sono grigie con le scritte bianche. Nel 1921 la gestione dei tram cittadini passa al Comune.

I raccontini satirici di Svevo si riferiscono proprio agli ultimi anni della gestione privata e ai primi di quella pubblica: come si deduce dalle riflessioni dell'illustre pendolare, cambiano i padroni ma i problemi rimangono gli stessi (carrozze vecchie, lente, poco affidabili per quanto riguarda la puntualità); anzi, come si legge nell'ultimo brano, vi si aggiungono anche quelli politici...

Marilì Cammarata

Noi del tramway di Servola, di Italo Svevo
a cura di Marilì Cammarata

Progetto grafico di Gianfranco Granbassi

© Edizioni Parnaso 1994
*L'Editore ringrazia gli eredi Svevo per aver collaborato
alla realizzazione di questo volume.*

Finito di stampare nel mese di novembre 1994
da Fonda s.r.l., via Caboto 19/1, Trieste

ISBN 88-86474-03-2

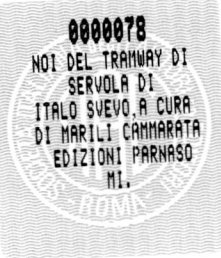